$L\overset{27}{n}$ 17853.

I0233436

Toulon. Lith. d'Aug. Aurel.

L. Pellegrin.

# NOTICE

## SUR LES CAMPAGNES DE MER

### ET LES SERVICES DE M.

## DU CAMPE DE ROSAMEL,

#### VICE-AMIRAL,

MEMBRE DU CONSEIL D'AMIRAUTÉ;

PAR R*****

BIBLIOTHÈQUE IMPÉRIALE

ACQUISITION Nº 42380

## TOULON.

**IMPRIMERIE ET LITHOGRAPHIE D'AUG. AUREL,**

Place Saint–Pierre.

### 1834.

Ln²⁷ 1785³

943CB

# A MONSIEUR LE VICE-AMIRAL

# DU CAMPE DE ROSAMEL.

Amiral,

Pendant dix ans, vous m'avez comblé de bienfaits. Mon cœur que vous avez rempli d'une immense reconnaissance, éprouve le besoin de l'épancher. C'est en publiant vos services & vos nobles qualités, qu'il essaye, non de s'acquitter envers vous d'une dette inacquittable, mais d'exprimer une faible partie des sentimens qui le pénètrent. Je crains que ma voix ne soit pas assez élevée & ne reste au-dessous des profondes impressions que vous avez faites, dans une ville maritime à laquelle vous appartenez par l'emploi de votre carrière presque entière, et que vous appelez votre seconde patrie. Je me consolais naguère de votre départ, en voyant, par les témoignages les plus touchans et les plus unanimes, que vous y aviez conquis les cœurs et les suffrages. Puissent ces sentimens avoir bientôt l'occasion de se manifester d'une manière plus éclatante qui couronne dignement une si honorable sympathie, & seconde, à la fois, votre noble ambition de faire toujours le bien !

Je suis, avec un profond respect, un attachement et une reconnaissance sans bornes,

**Amiral,**

Votre très-humble et très-obéissant serviteur,

R*****

Toulon, le 1er Juin 1834.

# Notice.

———

ONSIEUR DU CAMPE DE ROSAMEL,
( Claude-Charles-Marie ) vice-Amiral, grand-
officier de l'ordre de la Légion d'honneur ,
chevalier de l'ordre royal de Saint-Ferdinand

d'Espagne, fils de Claude-Louis-Marie, ma-
réchal-de-camp, et de Marie-Josephe Le
Blond du Plouy, naquit le 25 juin 1774, à
Rosamel, arrondissement de Montreuil, dé-
partement du Pas-de-Calais.

D'heureuses dispositions que développait
en lui un goût précoce pour le métier de la
mer, engagèrent son père à le lancer de
bonne heure dans la carrière. Dès l'âge de
treize ans, le premier juillet 1787, il fut
embarqué comme mousse à bord du paque-
bot le *d'Orléans* sur lequel il fit, pendant
près de trois ans, le cabotage dans la Man-
che. Cette épreuve ne fit que confirmer sa
vocation, et dès lors, préparé par les études
convenables pour être admis dans la marine
militaire, il y entra le premier janvier 1792,
avec le grade d'aspirant de troisième classe.
Son début fut marqué par un de ces événemens désastreux et malheureusement trop
fréquens dans le métier, fait pour le rebuter
s'il avait eu une inclination moins décidée.

La flûte le *Chameau*, sur laquelle il fesait sa première campagne, naufragea le 26 novembre 1792, sur la côte de Saint-Domingue, à Jérémie, par des circonstances de tems et de lieux qui compromirent gravement la vie de tout l'équipage. Sur cent seize hommes dont il se composait cinquante-six périrent. Le jeune Rosamel échappa au danger en luttant avec effort contre une mer furieuse, et en fut quitte pour quelques blessures qui le retinrent à l'hôpital de Jérémie pendant un mois et demi. Sur cette terre, pour lui déjà si funeste, il contracta de plus la fièvre jaune qui aggrava beaucoup son état sans affaiblir sa vocation.

M. de Rosamel parcourut successivement tous les grades inférieurs en s'y distinguant par un zèle, un dévouement et un mérite remarquables soit à terre, soit à la mer.

Embarqué sur le vaisseau la *Convention* fesant partie de l'armée commandée par l'amiral Villaret-Joyeuse, il prit part aux combats livrés par cette armée les 28, 29 mai et 1ᵉʳ juin 1794.

Quatre ans plus tard, enseigne de vaisseau à bord du *Hoche*, expédition d'Irlande, il assista au combat que ce vaisseau soutint le 11 octobre 1798, pendant trois heures et demie, contre une division anglaise de trois vaisseaux et cinq frégates. Tombé au pouvoir de l'ennemi à la suite de cette affaire, il fut renvoyé en France comme prisonnier sur parole.

Embarqué, à la fin de 1801, à bord de la corvette la *Diligente* attachée à la station des Antilles, il fut choisi par le gouverneur pour en remplir provisoirement le commandement vacant pour cause de maladie du capitaine. Il l'exerça avec distinction pendant une année, c'est-à-dire jusqu'au 17 août 1803, qu'il ramena ce bâtiment à Brest.

On préparait à cette époque, contre l'Angleterre, la fameuse expédition à laquelle une fatale coalition força de renoncer. Si,

l'appel général fait alors au camp de Bou-
logne n'avait naturellement destiné M. de
Rosamel à y servir, son zèle et son patrio-
tisme l'y auraient fait voler. Demandé par
l'amiral Bruix, commandant la flotille de débarquement, pour être employé auprès de
lui en qualité d'adjudant, il resta, pendant
une année, attaché à son état-major.

De 1804 à 1809, il exerça dans la Méditerranée, deux commandemens successifs
supérieurs à son grade de lieutenant de vaisseau : ceux des corvettes la *Tactique* et la
*Victorieuse*. Employé, pendant plusieurs années, avec ces bâtimens, à la protection des
convois et aux communications de la Corse
et de l'Italie, il s'acquitta toujours de ses
missions avec succès, malgré la permanence
du blocus ennemi. Il était capitaine de la
*Victorieuse*, en 1808, lors de l'expédition de
Corfou aux ordres du vice-amiral Gan-
theaume. Ce bâtiment n'était pas d'abord
destiné à en faire partie. Mais il demanda

avec tant d'instance de passer en qualité de
simple officier à bord d'un des vaisseaux qui
la composaient, que l'amiral, pour mettre
à profit son ardeur sans le priver de son
commandement, adjoignit la *Victorieuse* à
l'expédition.

M. de Rosamel était au milieu de cette
activité laborieuse et utile et comptait 16
années de services, lorsqu'il obtint le grade
de capitaine de frégate et le commandement
de la *Pomone*. Il passa avec transport sur
ce bâtiment dont le rang, la force et les
missions pouvaient lui offrir, plus que les
précédens, les moyens de se signaler.

L'affaire glorieuse qu'il soutint sur cette
frégate, et qui fut comme le pronostic de la
réputation et de la fortune militaire qu'il
devait acquérir un jour, mérite d'être rap-
portée avec quelques détails :

Une division composée,

Dé *la Pauline*, frégate de 44 canons, commandée par M. Montfort, capit.<sup>e</sup> de vaisseau;

De *la Pomone*, frégate de 44 canons, commandée par M. de Rosamel, cap.<sup>e</sup> de frégate;

Et de *la Persanne*, flûte de 26 canons, commandée par M. Satie, capitaine de frégate, fut envoyée en mission dans l'Adriatique, et se trouvait, le 29 novembre 1811, à la hauteur de *Pelagosa*, petite île au milieu du golfe, lorsqu'elle fut rencontrée par une division anglaise, formée des trois frégates,

*L'Alceste*, de 44 canons, commandée par Sir Murray Maxwel;

*L'Active*, de 5o canons, commandée par Sir John Gordon;

*L'Unité*, de 42 canons, commandée par Sir Chamberlayne.

On voit que la division ennemie, outre l'avantage que lui donnait une artillerie plus nombreuse, était supérieure à la nôtre de toute la différence d'une frégate à une flûte. Mais le combat, devenu inévitable par la position avantageuse où se trouvaient les Anglais pour joindre nos bâtimens, fut bientôt rendu

égal par une manœuvre habile de la *Persanne*
qui, ayant demandé à courir librement, se
sépara de la division, et détermina ainsi une
des frégates ennemies, l'*Unité*, à se séparer
de la sienne pour la poursuivre. Presqu'aussitôt, l'engagement eut lieu entre la *Pomone*
et la frégate anglaise commandante. Les pre-
mières volées de M. de Rosamel furent si
bien dirigées, qu'elles causèrent à celle - ci
plusieurs avaries majeures dans sa mâture,
et l'obligèrent de cesser son feu et de s'é-
loigner pour se réparer et dégager son artillerie embarrassée par la chûte d'un des mâts
et de ses cordages. Dans ce moment, la seconde frégate ennemie qui ne trouvait pas,
dans le commandant de la division française,
la même volonté de combattre, et qui voyait,
d'ailleurs, l'embarras de sa conserve, ma-
nœuvra pour venir secourir cette dernière
contre la *Pomone* qui, sans cette circonstance, l'aurait infailliblement réduite. M. de
Rosamel répondit à cette seconde attaque

avec une ardeur et une habileté qui méri-
taient d'être plus heureuses. Abandonné, loin
d'être secondé, dans ce surcroît de danger,
par le commandant de la *Pauline* qui s'éloi-
gnait du théâtre de l'affaire, il soutint, pendant près d'une heure, un second combat
particulier durant lequel il tenta deux fois,
mais en vain, d'aborder son ennemi. Alors,
la frégate anglaise désemparée, qui avait,
fort à l'aise, dégagé son artillerie, vint au
secours de la seconde frégate, préférant lui
assurer ainsi un avantage jusques là assez
heureusement disputé par la *Pomone*, que
de s'occuper à poursuivre la *Pauline*.

A ce mouvement, M. de Rosamel appré-
ciant le danger de sa position, et désespé-
rant de recevoir aucune aide de son chef,
tenta une troisième fois l'abordage sur la seconde frégate anglaise. Il était au moment de
l'atteindre, lorsque la grande quantité de
boulets dont il était assailli, emporta à la fois
son petit mât de hune et sa vergue de misai-

ne. Cette avarie privant la *Pomone* de voiles
sur l'avant, son mouvement d'arrivée fut
impossible, et elle n'eut plus qu'à répondre
au feu des deux frégates ennemies entre les-
quelles elle se trouvait placée. Là, sa résistance fut encore opiniâtre ; mais ce n'était
plus que du pur courage qu'aucune espérance de succès ne pouvait soutenir. Bientôt
le grand mât fut coupé à quelques pieds du
pont ; il tomba sur celui d'artimon qu'il en-
traîna dans sa chûte, et brisa la roue du
gouvernail. Cette immense avarie ajouta un
grand embarras à celui déjà causé par beaucoup d'autres dommages faits au corps du
bâtiment, et par les nombreuses victimes
d'un si vif et si long combat.

Les restes du vaillant équipage de la *Pomo-*
*ne* si dignement associés à la bravoure de
leur chef, continuaient pourtant encore cette
lutte inégale. Mais elle ne pouvait plus être
longue. La *Pomone* démâtée de tous ses mâts,
privée des moyens de gouverner, et ayant

cinq pieds d'eau dans sa câle, se trouvait toujours entourée par les deux frégates ennemies qui la couvraient, babord et tribord, d'un feu extrêmement meurtrier. Dans cette position désespérée, le commandant Rosamel n'avait plus d'autre parti que de céder la victoire, et il eut la douleur d'amener le pavillon qu'il avait si glorieusement défendu.

Le combat de la *Pomone*, malgré son issue malheureuse, n'en est pas moins un beau fait d'armes dont s'honorera toujours la marine française. Les revers aussi ont leur gloire : celui que le commandant Rosamel éprouva dans cette circonstance, à côté de la perte matérielle qu'il coûta au pays, lui valut, à lui, un triomphe. Quel triomphe, en effet, que le tribut général d'estime et de louanges payé par l'ennemi même que l'on a combattu !

Après son combat, M. de Rosamel se rendit à bord du commandant anglais où il reçut le meilleur accueil et les marques de la plus grande estime, ainsi que les soins convena-

bles à une légère blessure reçue à la tête
pendant le combat. Il fut immédiatement
conduit prisonnier de guerre sur parole à
Malte, et, un peu plus tard, en Angleterre,
dans le cautionnement de Bridgnorth.

Les événemens de 1814 et la paix qui s'en
suivit, vinrent mettre un terme à sa capti-
vité. Le 20 mai il revit la France. Il s'y présenta aussitôt devant le conseil de guerre
nommé à Toulon pour examiner sa conduite
dans le combat de la *Pomone*, et là il reçut
de ce conseil, avec son acquittement, les
justes éloges qu'il avait mérités. Les termes
flatteurs de son jugement et l'accueil de ses
concitoyens furent sa première récompense.
De son côté, le gouvernement lui donna un
digne témoignage de sa satisfaction en lui
concédant le grade de capitaine de vaisseau.

La réduction que nécessitait alors dans les
armemens, le rétablissement de la paix générale en Europe, ne permit pas d'accorder
un nouveau commandement à M. de Rosamel.

Il servit à terre pendant près de trois ans, d'abord à Toulon, puis à Cherbourg où il commanda un des régimens de marins qui furent créés en 1815, dans tous les ports militaires. Il remplit ensuite à Cherbourg le poste de Major de la marine qu'il quitta après deux ans, pour revenir à Toulon, et employer plus activement au service de la mer, (selon les expressions de la dépêche qui l'y appelait) son âge, son expérience et ses talens. Là, en effet, il ne tarda pas d'obtenir le commandement de la frégate la *Galathée*, et, un peu plus tard, celui du vaisseau le *Colosse*. Il fit avec ce dernier, comme capitaine de pavillon de M. l'amiral Jurien, une campagne de 30 mois dans la Méditerranée et dans les deux Amériques, en doublant le cap Horn.

En 1822 et 1823, durant la dernière guerre d'Espagne, il commanda successivement sur la *Junon* et la *Marie-Thérèse*, le blocus de Barcelone. Une sage prudence, une acti-

vité rare, une vigilance de tous les instans qu'il déploya pendant toute la durée de cette mission difficile, lui valurent d'être élevé, même avant le terme de la campagne, au grade de contre-amiral.

A la fin de novembre 1823, il rentra en France où l'attendait une nouvelle preuve de la haute confiance du gouvernement.

La station française sur la côte occidentale de l'Amérique du Sud, était alors vacante. Les intérêts de notre commerce dans ces parages souffraient d'un pareil vide, surtout dans un moment où l'Espagne était au fort de ses démêlés avec ses colonies américaines qui, sous l'influence du génie des libertés, sollicitaient, les armes à la main, leur affranchissement, et où cette lutte acharnée causait un bouleversement général dans le pays et tuait la confiance. D'un autre côté, l'appui que nous venions de prêter à la cause de Ferdinand VII, contre la révolution des Cortès, avait naturellement accrédité près des

populations indépendantes et même des
nouveaux gouvernemens du Chili et du
Pérou, le bruit que la France allait encore
aider de ses armemens, les efforts du roi
absolu contre la juste émancipation de ces
peuples. Ce bruit calomnieux, répandu et
appuyé avec affectation par divers journaux
étrangers, devait compromettre et compro-
mit gravement, en effet, les affaires et la vie
même de nos nationaux. Il était de la dernière urgence de le démentir et de procurer
à ceux-ci une protection efficace.

C'est cette mission importante et délicate
qui fut confiée à M. le contre-amiral de
Rosamel.

Il partit de Toulon, le 20 février 1824,
avec le titre de *commandant en chef de la
station française de l'Amérique du Sud.* Après
une courte relâche à Rio-Janeiro, à Monte-
video et à Buenos-Ayres, dont le but était
de s'assurer, en passant, de la situation politique de ces contrées et de s'y procurer les

premiers renseignemens sur celles de l'autre côté du cap Horn , il s'achemina pour sa destination. Il arriva, le 10 août, à Valparaiso. Le gouvernement du Chili l'accueillit avec un sentiment de défiance et d'anxiété qu'il n'était pas facile de détruire. Occupé qu'il était encore d'arracher une dernière province, Chiloë, à la résistance courageuse et opiniâtre des Espagnols, il craignit de voir dans la nouvelle division française un auxiliaire de ces derniers , et cette crainte assez fondée , il faut le dire , sur notre conduite récente à l'égard de Ferdinand, et sur notre incertitude, notre hésitation ou plutôt notre refus de reconnaître comme nations, les nouvelles républiques américaines, l'empêchait de croire à la bonne foi de nos paroles de paix et de neutralité. Il fallut la franchise , la loyauté , la candeur naturelle de M. de Rosamel pour donner aux instructions écrites dont il était muni, le caractère de vraisemblance qu'on ne leur avait pas

supposé , et pour vaincre tant de défiance.
Ses relations diplomatiques et verbales avec
les premiers chefs du gouvernement chilien,
eurent bientôt cet heureux résultat. Tout en
éludant , comme il en avait l'ordre, les vœux
réitérés , même les demandes expresses qui
lui étaient adressées , relativement au grand
acte de la reconnaissance , il sut par le ton
noble et rassurant de ses notes officielles et
par sa conduite , entretenir dans l'esprit de
ces chefs , l'encouragement et l'espérance.
Une des mesures les mieux conçues et les
plus efficaces qu'il prit dans ce but , fut d'offrir de lui-même , mais au nom du gouvernement français , le passage gratuit sur nos
bâtimens , pour tous les jeunes chiliens que
la république ou les familles voudraient en-
voyer en France pour y faire leur éducation.
Cette idée ingénieuse, philantropique et patriotique à la fois , que Louis XVIII eut le
bon esprit d'approuver , de louer et d'éten-
dre même , porta ses fruits. Beaucoup de

jeunes gens se dirigèrent et se dirigent encore vers nos lycées où ils puisent avec notre
langue, nos principes et nos usages, une
richesse morale qui plus tard répandue par
eux dans leur patrie, doit constituer le lien
le plus fort et le plus durable entre les deux
nations.

Le premier bienfait de cette disposition
généreuse et sage de M. de Rosamel, fut de
dissiper les craintes qu'une politique astu-
cieuse étrangère s'efforçait de suggérer au
gouvernement chilien, relativement aux in-
tentions de la France à son égard, et par ce
fait, de rendre à nos nationaux et à notre
commerce, une sécurité, une prépondérance
et une activité qu'ils avaient tout-à-fait per-
dus.

La mission de M. de Rosamel au Pérou fut
aussi heureuse qu'au Chili. Pour démontrer
combien elle fut plus difficile, il est nécessaire d'entrer, avant de la faire connaître,
dans quelques détails sur la position peu fa-

vorable où se trouvait ce pays à son arrivée.

Le Pérou, alors bouleversé par une guerre sanglante et luttant contre l'anarchie et la misère, était sous l'autorité d'un chef habile, expérimenté et prudent. A la défiance qu'excitaient également chez lui, malgré sa sagacité, les insinuations malveillantes des étrangers, Bolivar ajoutait des soupçons auxquels le rendaient plus accessible ses préoccupations intérieures et les attaques pressantes que dirigeait encore contre lui, dans son agonie, l'absolutisme espagnol.

Il dit lui-même plus tard, que ces soupçons avaient leur source dans des conjectures vraisemblables qu'il avait tirées de certains faits : Il avait été frappé du long séjour au Chili de la division française. Il lui supposait le but d'exciter dans le pays une contre-révolution. Il fondait cette supposition sur ce que les principaux corps de cette république étaient commandés par des officiers français naturellement dévoués aux intérêts de la France, et sur le peu de part que le Chili avait pris dans le dernier acte de la lutte américaine. Enfin, son principal grief provenait d'un message par lequel le vice-président de Colombie l'informait que des passagers récemment arrivés de la Martinique à la Gueyra, annonçaient qu'une escadre française, sous le commandement de l'amiral Jurien, venait d'apparaître dans les eaux des Antilles, avec la mission d'agir, de concert avec la division stationnée dans la mer du Sud, contre les nouveaux états. On allait jusqu'à préciser, dans ce message, la composition imaginaire de cette escadre (2 vaisseaux, 8 grosses frégates et un nombre correspondant de bâtimens légers) et à calculer une quantité de troupes de débarquement qu'elle apportait. Enfin, on y présentait tous les élémens d'une déclaration de guerre.

D'un autre côté, il existait alors, au sein des républiques naissantes d'Amérique, plu-

sieurs agens que le gouvernement français
avait, peut-être impolitiquement, envoyés
vers elles avec la mission secrète de connaître
leur état, leurs moyens, leurs ressources,
leur degré de consistance et leurs vues. A
Buenos-Ayres, au Chili, au Pérou, où les
esprits étaient déjà fortement prévenus, et
où la malveillance étrangère ne cessait de
répandre, à dessein, le bruit absurde de
prétendues dispositions hostiles de la France
contre ces républiques, ces agens furent
bientôt suspectés et surveillés. Partout, leur
présence excita la défiance et l'inquiétude,
et, sur quelques points, donna lieu à des
récriminations violentes contre le gouvernement du roi. Cependant, l'agent destiné pour
Santiago, présenté par M. de Rosamel lui-
même, avait été assez bien reçu et traité. Il y
séjourna paisiblement pendant plus d'une
année, protégé par la proximité de l'amiral
dont les efforts réitérés et assidus parvin-
rent à rassurer les esprits. Mais il n'en avait

*

pas été de même de celui qui fut envoyé à Lima. Son arrivée dans cette capitale, malgré les lettres que M. de Rosamel avait écrites de sa station de Valparaiso pour l'accréditer, n'avait fait qu'augmenter la défiance des Péruviens et des chefs de la république. Devenu progressivement l'objet d'une surveillance inquiétante et des sarcasmes des journaux, il finit par recevoir de ce gouvernement l'ordre de quitter la ville dans les 24 heures. Un des bâtimens de la station, le brig-goëlette l'*Aigrette,* qui se trouvait au mouillage à Chorillos, dût, par prudence, se tenir plusieurs jours en branle bas de combat, pour éviter un enlèvement dont il était menacé ou que du moins l'état des esprits lui donnait droit de craindre.

M. de Rosamel, pendant près de sept mois qu'il employa à accréditer le commerce français au Chili, n'avait cessé de travailler à dissiper par sa correspondance et ses messages, les ombrages de la république péru-

vienne. Ses notes avaient produit quelque
bien ; mais elles étaient loin d'avoir détruit
toutes les préventions. Sa présence sur les
lieux devenait nécessaire. Il quitta Valparaiso
et s'y rendit. A Quilca, l'un des ports *inter-
medios* qu'il visitait dans sa route, il trouva
le brig l'*Aigrette* qui venait d'y amener à
sa rencontre l'agent français évincé de Lima.
Sur le rapport que lui fit celui-ci, il partit
précipitamment de sa relâche, pour aller
demander réparation du procédé rigoureux
dont cet agent avait été l'objet. Il arriva, le
16 mars 1825, à Chorillos, sollicitant vive-
ment une entrevue de Bolivar. Elle eut lieu
dès le lendemain, au quartier général de la
*Magdeleine*, village à peu de distance.

Cette entrevue eut le meilleur résultat.
Le langage noble et ferme de l'amiral fut
compris et goûté par le libérateur ; ses assu-
rances franches et positives, jointes au fait
parlant de dix années de neutralité observée
par la France entre l'Espagne et ses anciennes

colonies , dissipèrent, si non tout-à-fait au
moins d'une manière assez satisfaisante , les
préventions enracinées de ce chef. L'agent
français fut de nouveau admis ; nos nationaux, que, depuis quelque tems, l'animadver-
sion du gouvernement et du peuple mettait
même en danger dans les rues , furent réha-
bilités et protégés encore dans leur commerce, par la confiance apparente et la bien-
veillance des chefs de la république.

A l'issue de cette double mission si honorable et si bien remplie , M. de Rosamel
reçut de France l'avis de la réunion des deux
stations de la mer du Sud et du Brésil, en
une seule sous le nom commun de *station
de l'Amérique méridionale*, et l'ordre d'en
aller exercer le commandement en chef à
Rio-Janeiro. Il s'empressa d'annoncer son
départ aux gouvernemens du Pérou et du
Chili, par des notes officielles tendant à affer-
mir le bien qu'avait produit son séjour dans
l'un et l'autre pays. Il régla ensuite, par des

instructions convenables aux capitaines du *Lancier*, de la *Diligente* et de l'*Aigrette*, le service de cette petite subdivision de la station qu'il laissa dans la mer pacifique, et se rendit en toute hâte à sa nouvelle destination.

Là, il fut en présence de l'impérieux souverain du Brésil. Presque dès son début, une difficulté sérieuse se présenta : Don Pedro s'obstina opiniâtrément à lui refuser l'accès de Buenos-Ayres étroitement bloqué par des forces brésiliennes, et où il avait dessein de se rendre. Il protesta alors d'une manière si noble et si vigoureuse contre ce refus, que l'empereur dont l'orgueil fut blessé, arrêta même, dans son impatience, le départ d'un navire anglais qui cinglait vers l'Europe, pour faire parvenir sa plainte au gouvernement français.

Toutefois, les relations de M. de Rosamel avec le cabinet brésilien, pendant plus de six mois qu'elles durèrent encore, ne reçu-

rent aucune atteinte de cette bouderie impériale, et grâce à la merveilleuse influence de
son caractère, il n'en résulta qu'un peu de
froideur qui fut sans effet pour le service de
la station et pour le commerce.

M. de Rosamel avait trouvé à Rio-Janeiro
deux agens français, pourvus du nouveau
titre d'*Inspecteur général du commerce* et
destinés pour le Pérou et le Chili, que le
gouvernement lui prescrivait d'accréditer et
faire reconnaître en cette qualité par les
deux républiques. Cette commission délicate
était d'autant plus difficile, que l'amiral ne
pouvait plus, alors, l'accomplir en personne.
A la grande distance où il se trouvait des
lieux, il ne pouvait espérer du succès que
de l'impression et des souvenirs qu'il avait
laissés dans les deux pays. Sa recommanda-
tion écrite eut un effet immédiat près du
gouvernement de Santiago. Notre agent y
fut accueilli par lui sans trop de difficulté,
malgré son caractère inofficiel qui, sans le

nom de M. de Rosamel, l'aurait assurément fait repousser.

Une plus grande susceptibilité du gouvernement péruvien et la chatouilleuse fierté du libérateur Bolivar, offrirent quelque entrave à l'*inspecteur du commerce* destiné pour Lima. Toutefois, les puissans auspices sous lesquels il se présentait le facilitèrent beaucoup, et il n'éprouva qu'un peu de retard dans son admission.

M. de Rosamel, à qui un assez long séjour en Amérique et ses relations immédiates et suivies avec les nouveaux gouvernemens et les populations, avaient donné une connaissance parfaite des hommes et des choses dans ce pays régénéré, avait amplement compris tous les avantages politiques et commerciaux qui devaient résulter pour l'Europe et particulièrement pour la France, de l'admission des nouveaux états indépendans au rang des nations. Il plaida, dès lors, de bonne foi, leur cause dans ce but, et l'on

ne peut nier que l'acte solennel de leur reconnaissance proclamée enfin en 1830, n'ait
été préparé par lui-même, et ne soit, au
moins en grande partie, le résultat de ses
efforts. Ce service ne fut assurément pas le
moindre de tous ceux que M. de Rosamel
rendit dans sa mission.

Une œuvre très-importante aussi dont il
s'occupa dès son apparition en Amérique,
fut la délivrance de M. de Bompland, savant
naturaliste français, envoyé en mission par
l'Institut, qui, traversant le Paraguay, se
trouva victime de l'étrange loi par laquelle le
docteur Francia, après avoir dirigé la révolution de ce pays et s'en être fait le chef, l'avait
soumis à une quarantaine rigoureuse pour
empêcher toute communication des personnes et des choses avec le dehors. Mais ici, tous
les efforts, toute la philantropie, toute l'influence de la réputation de M. de Rosamel
échouèrent contre la détermination inébran-
lable du stoïque républicain. Ce ne fut qu'à

la longue, après plusieurs années, et lorsque
l'indépendance du Paraguay fut mieux affer-
mie, et que Francia put, sans la compromettre, se relâcher un peu de sa sévérité, que
M. de Bompland fut rendu à la liberté et
à sa patrie.

M. de Rosamel fut remplacé dans le commandement de la double station du Pacifique
et du Brésil, au commencement de 1827.
A sa rentrée en France, au mois de mai de
la même année, il prit un peu de repos.

Mais il fut bientôt fatigué d'une inacti-
vité opposée à son caractère et à son zèle.
L'expédition préparée contre la domination
turque en Morée, lui offrait une belle occasion d'en sortir, et il s'empressa d'en profi-
ter. Sa demande, à cet égard, rencontra
quelque obstacle dans l'inutilité que voyait
le gouvernement, à nommer un officier général pour conduire cette expédition dans le
Levant où se trouvait déjà M. l'amiral de
Rigny, à qui il devait être naturellement

réservé de diriger une opération considérée comme le complément de la victoire de Navarin. A défaut du titre de chef de l'expédition, il obtint celui de *commandant une division de l'escadre du Levant.*

Une première partie de nos troupes était déjà rendue sur les lieux, et avait opéré la prise de possession de divers points du sud de la Morée qu'occupaient les soldats d'Ibrahim. Patras, au nord, tenait encore, lorsque M. de Rosamel mit à la voile de Toulon avec le second convoi. Il espérait d'arriver à tems pour s'y rendre utile en tirant du canon contre cette place. Ce fut en vain : Patras avait capitulé la veille de son arrivée.

Il n'eut plus, dès lors, qu'à s'occuper, sous les ordres de l'amiral en chef, du service ordinaire de la station de Navarin, que le grand mouvement de nos troupes et de nos bâtimens entre les différens points de l'occupation et la France, rendait si non difficile, du moins très-actif.

Après quelques mois, M. de Rigny étant rentré momentanément à Toulon, M. de Rosamel le remplaça par interim, dans le commandement en chef de l'escadre et de la station. Dans ces fonctions plus importantes qu'il exerça pendant huit mois, il continua avec habileté et succès, la philantropique intervention de la France dans l'installation du gouvernement naissant des Hellènes, et la protection active de notre commerce dans toutes les échelles du Levant. Ses relations avec les différentes autorités locales et étrangères, aidées, ici comme partout, de cet ascendant irrésistible exercé par le caractère égal et conciliant dont il fut si richement doué par la nature, ne laissèrent pas apercevoir l'absence de son habile prédécesseur.

Vers le terme de son commandement, peu s'en fallut qu'une occasion ne s'offrit à M. de Rosamel d'employer d'une manière plus militaire, son zèle et son épée. La guerre

entre la Russie et la Porte était au plus fort
de sa crise ; l'armée moscovite avait franchi
le Balckan ; son étendard flottait déjà sur les
minarets d'Andrinople, et ses aigles victo-
rieuses menaçaient de venir s'abattre sur la
capitale même du Sultan. Il était d'un intérêt pressant pour la France de veiller sur ces
progrès rapides de l'empire russe, et de se
prémunir contre les velléités qu'il pouvait
avoir de mettre à profit sa victoire pour se
rendre maître du Bosphore. L'amiral, dans
ce but, se hâta de réunir toutes les forces
qui se trouvaient à sa disposition, et de se
porter avec elles à l'ouvert du détroit des
Dardanelles, prêt à forcer, au besoin, ce
passage, et à offrir secours et asile aux
Français établis à Constantinople. Ce mouvement militaire, exécuté du reste simultané-
ment par le chef de la station anglaise, était
d'autant plus à propos, que la présence de
toute l'escadre russe sur le même point,
pouvait légitimer quelque crainte. Toutefois

le déploiement de ces vaisseaux n'eut d'autre résultat que de montrer aux étrangers une force imposante disposée à protéger les intérêts et la dignité du pavillon, car bientôt les conditions de la paix conclue entre les belligérans, permirent leur retraite.

M. l'amiral de Rigny revint prendre son poste à la tête de l'escadre du Levant, au commencement d'octobre 1829. Peu après cette époque, était décidée et se préparait même déjà la formidable expédition contre Alger. M. l'amiral Duperré que sa haute réputation militaire avait fait choisir pour la commander, voulant s'adjoindre un second chef capable, et faire partager la gloire d'une telle mission à un officier qui avait depuis longtems toute sa confiance, jeta les yeux sur M. de Rosamel.

Le sentiment que ce choix, si bien fait pour honorer et énorgueillir M. de Rosamel, lui fit éprouver, ne peut être comparé qu'à l'ivresse avec laquelle il accepta un poste

qui paraissait lui promettre enfin une occasion sûre de donner encore quelques preuves
de son vieux courage de la *Pomone.* Il obéit
avec autant de joie que d'empressement à
l'ordre qui le rappelait du Levant à Toulon
dans cette circonstance. Le 1ᵉʳ avril 1830,
dès son arrivée, il s'installa au milieu de l'es-.
cadre qui commençait à se réunir, avec son
nouveau titre de *commandant en second de
l'armée navale d'Afrique,* que lui donnait
une lettre close du Roi.

Ce qu'il fit dans cette glorieuse expédition ne peut être détaillé. Sa mission était de
seconder, de suppléer au besoin le rare
talent et l'admirable activité de l'amiral en
chef : il la remplit dignement et complète-
ment. Mais là encore, sa plus chère espérance fut trompée. Le beau poste qui lui
était assigné dans l'attaque des côtes algé-
riennes, ne lui servit qu'à voir de plus près
l'ineptie d'un ennemi qui aurait pu, en ne
dégarnissant pas ses batteries de leurs ca-

nons, faire partager à la marine, par une bonne défense, un peu de cette gloire belliqueuse que devait bientôt acquérir contre lui notre armée de terre. Après le débarquement, si facilement opéré par les troupes, il ne restait à l'escadre que trop peu de cette part active qu'elle désirait tant de prendre à la conquête d'Alger. Elle s'y associa seulement, dans les derniers jours, par quelques mouvemens d'attaque contre les formidables remparts de la ville. M. de Rosamel eut la satisfaction d'en diriger deux, le 1er et le 3 juillet, avec la plus grande partie des vaisseaux et frégates de l'armée, mis à sa disposition par l'amiral en chef retenu à Torre-Chica par le service. Ces attaques ne furent, en quelque sorte, conformément aux ordres donnés, que de simples simulacres faits à une assez longue portée, pour obliger les Algériens à une diversion vers la marine, qui facilitât l'attaque simultanée de nos soldats à terre. Mais, habilement

dirigées et exécutées, elles causèrent, tout
en atteignant le but qu'on avait en vue, de
véritables dommages aux assiégés. Le témoignage en fut recueilli, après la victoire,
de la bouche même de l'ennemi.

La prise d'Alger, jusques là considérée
comme impossible par les fiers habitans de
toute la côte méditerranéenne d'Afrique,
produisit dans leur esprit une sorte de stu-
péfaction et surtout un sentiment de terreur
pour le nom français. Le gouvernement eut
la bonne idée de mettre à profit cette impression récente, pour demander à la régence de Tripoli de Barbarie qui, avec la
régence d'Alger, était celle dont l'Europe
avait eu le plus souvent à se plaindre, une
réparation éclatante de l'injure faite par elle,
au mois d'août 1829, au consul général de
France, et plusieurs conditions générales
depuis longtems réclamées par l'honneur et
l'intérêt des diverses puissances chrétiennes.
Les principales clauses à exiger étaient de

très-humbles excuses écrites du bey pour le roi ; la destruction de la piraterie ; l'abolition de l'esclavage des chrétiens ; la suppression des tributs humilians que les puissances payaient à la régence ; enfin, une contribution extraordinaire de huit cent mille francs en faveur de la France. Quant à cette dernière stipulation, le gouvernement, prévoyant quelque difficulté fondée sur une pénurie réelle du pays, laissait la latitude de réduire successivement, s'il y avait lieu, la contribution, à la somme de deux cent mille francs que comportait le montant de diverses créances françaises sur Tripoli.

Cette haute et honorable mission fut encore confiée, par lettres closes du roi, au zèle patriotique et à l'habile expérience de M. de Rosamel. Les pouvoirs étendus qui lui furent donnés pour la remplir, montraient une confiance extrêmement flatteuse : en cas de non acceptation des conditions imposées, il était autorisé à déclarer la guerre

au bey au nom de la France, et à commencer
les hostilités. Il devait encore , si la paix était
demandée après cet emploi de la force, exiger la destruction des fortifications de Tripoli du côté de la mer, et la remise de tous
les canons entre ses mains.

Il partit d'Alger pour cette expédition, le
27 juillet 1830 , avec le vaisseau le *Trident*
qu'il montait , deux frégates de 60, un brig,
une goëlette et deux bombardes.

A cette époque, l'armée victorieuse d'Afrique avait à s'emparer de Bone et à y mettre
garnison française. M. l'amiral Duperré , dans
sa haute estime pour celui qu'il appelait son
premier comme son plus puissant collabo-
rateur, chargea M. de Rosamel d'exécuter
ce coup de main, dans sa route vers Tripoli.
Il lui confia, à cet effet , outre les bâtimens
destinés à l'opération contre ce dernier pays,
un vaisseau , deux frégates , une corvette , un
brig , une goëlette et un petit convoi de 14
navires légers chargés de vivres. La double

division, ayant reçu une brigade d'infanterie et quelques autres troupes sous le commandement de M. le comte de Damrémont, maréchal de camp, arriva devant Bone le 17 août. Tout était disposé pour une attaque vigoureuse : la simple apparition du pavillon vainqueur d'Alger suffit pour soumettre cette ville : les premiers chefs vinrent d'eux-mêmes au devant de l'amiral, lui en apporter les clefs.

L'arrivée de M. de Rosamel devant Tripoli produisit à peu près le même effet. Les conditions qu'il venait exiger parurent fort dures au bey et au pays. Mais la vue de nos canons, le bruit encore retentissant d'une immense victoire, et, avec tout cela, la parole imposante de l'amiral, triomphèrent de toutes les répugnances. Dans 48 heures, terme donné, un traité solennel fut conclu : il stipula la soumission de la régence tripolitaine à toutes les réparations demandées par la France. La partie des négociations la plus difficile à traiter, était, sans contredit, pour ce pays pauvre, la contribution pécuniaire. Malgré les plus vives instances du ministre plénipotentiaire du bey, et beaucoup de motifs fondés (du moins en apparence) qu'il donna, l'amiral réussit à obtenir la somme imposée tout entière.

Trois jours après son arrivée à Tripoli, M. de Rosamel put quitter ce théâtre d'une nouvelle victoire, ayant rempli de la manière la plus complète et la plus satisfaisante, les vœux du gouvernement, et l'on peut dire, ceux de l'humanité. Ce succès était de nature à lui faire le plus grand honneur, et il fut flatté d'y avoir attaché son nom. C'est, en effet, une belle page à ajouter à ses services que l'œuvre éclatante de l'abolition définitive de la piraterie, de l'esclavage des chrétiens et de cet usage honteux et inouï qui rendait de grandes puissances tributaires d'un chétif état barbaresque.

A son retour de Tripoli, M. de Rosamel

apprit la mémorable révolution qui s'était accomplie à Paris à la fin de juillet. Il arbora, dès lors, l'ancien drapeau qui lui rappelait la plus glorieuse journée de sa vie, et ne tarda pas à rentrer en France pour y rendre compte de sa dernière mission.

Presqu'aussitôt, le gouvernement, auquel il avait donné tant de gages de zèle et de capacité, songea à lui donner, à son tour, une nouvelle preuve de sa confiance en le nommant préfet du 5e arrondissement maritime. Dès le 15 décembre 1830, après un très-court séjour dans sa famille, il fut de retour à Toulon, et s'y installa dans le poste éminent qui venait de lui être confié. C'est là que deux mois et demi plus tard, le 1er mars 1831, il reçut, comme une juste récompense de services si laborieux et si distingués, le grade de vice-amiral.

M. de Rosamel était connu à Toulon. C'est de Toulon qu'on l'avait vu partir pour toutes les campagnes qui lui avaient acquis de

la considération ou de la gloire. L'accroisse-
ment de sa réputation y avait été suivi
avec cet intérêt qui devient plus fort lorsqu'il découvre dans les personnes auxquelles
il s'attache, des qualités qui les font estimer
pour elles-mêmes. Cette prévention avantageuse fit accueillir sa nomination à la préfecture du 5ᵉ arrondissement, avec une
satisfaction générale. Dans un moment où
les esprits étaient encore émus de la grande
secousse de 1830, le choix de la première
autorité maritime n'était pas indifférent. On
se félicita, et avec raison, qu'il fut tombé sur
un homme aussi sage et aussi dévoué au bien
public.

Mais si la confiance qui précède un homme
connu, facilite ses premiers abords, elle en
devient, par cela même, plus exigeante, et il
faut beaucoup plus d'efforts dans celui qui
en est l'objet, pour ne la point voir s'affaiblir. C'est le don d'un caractère franc et égal
de subir avec honneur cette difficile épreuve.

Il était impossible à M. de Rosamel , dans quelque position qu'il fut, d'y échouer et de perdre un sentiment qu'il avait précédemment acquis. Il fut, les derniers jours de son administration , ce qu'il avait été , les premiers. Essentiellement ami de l'ordre et des lois , il trouvait que le plus sûr moyen de consolider leur règne , était d'assurer le respect et la confiance dûs au gouvernement créé pour les maintenir, et de convaincre et rallier à lui le plus grand nombre de français. Il fit avec bonheur l'application de cette pensée de sagesse ; et , à travers plusieurs circonstances épineuses qui se sont présentées , sa parole à la fois franche et conciliatrice , organe de la fermeté et de la prudence, a puissamment concouru au maintien du calme et de la sécurité dans la ville importante de Toulon. C'est ainsi qu'il a conservé une honorable popularité.

Les fonctions sédentaires de préfet maritime , n'ont point l'éclat des commande-

mens à la mer ; les intérêts de l'État s'y dé-
fendent d'une autre manière ; elles sont
moins récompensées par la renommée qui
s'attache , de préférence, aux actions plus
brillantes ; et c'est pour cela qu'elles exigent
peut-être plus de dévouement. M. de Rosamel s'y consacra tout entier, et n'y connut
point le repos. Pendant les trois années de
sa préfecture , tous ses momens furent donnés à l'expédition des affaires ; et ils furent
tous utiles, partagés entre la direction des
nombreux bâtimens de guerre qu'occupe
le service actif de la Méditerranée , l'im-
pulsion à donner aux armemens, l'activité
des travaux , les créations préparées pour
un plus grand avenir du port de Toulon, et une administration aussi vaste et
aussi divisée que celle de la marine. Dans
cet emploi assidu de son tems et de son autorité , il s'appliqua particulièrement à la
recherche et à la répression des abus, à l'é-
conomie et à la conservation des immenses

richesses confiées à sa garde, enfin à la défense de tous les intérêts de l'État. Plusieurs fois, dans le bien qu'il fit, dans les bons résultats qu'il obtint, et dans les témoignages d'approbation du gouvernement, il trouva la satisfaction de ses services. Ami des marins, ayant toujours vécu avec eux, c'était un besoin pour lui de les protéger ainsi que leurs familles. Il trouvait dans cette protection, de la douceur, du plaisir et une compensation à ses fonctions pénibles. On n'oubliera jamais combien il était affable et accessible, humain et juste, compatissant et généreux. Tout le monde sait que personne ne sortit de son cabinet, mécontent de lui, et que même lorsque la sévérité de ses devoirs ne lui permettait pas de satisfaire aux demandes des malheureux, il avait le don rare et précieux de les consoler en leur refusant.

Appelé par la confiance du roi dans son conseil d'amirauté, M. de Rosamel quitta ses fonctions préfectorales le 1er janvier

1834. Il serait impossible de donner une idée des regrets que son départ fit éprouver à la population maritime et aux habitans de Toulon. Leurs adieux réciproques eurent quelque chose de solennel et de pathétique. On en put juger par l'affluence nombreuse des personnes accourues vers lui, et par l'expression touchante des sentimens que chacun venait offrir. Pénétré lui-même jusqu'aux larmes, pouvant à peine donner cours à ses paroles de reconnaissance, ce fut le jour de sa vie où il éprouva le plus d'émotions. Déjà si attaché aux Toulonnais, il en a emporté, dans cette circonstance, un souvenir impérissable ; et, aujourd'hui, dans le nouveau poste qui l'en tient éloigné, toujours rapproché d'eux par la pensée et par le cœur, sa plus chère occupation est de saisir et de rechercher les occasions de leur être encore utile.

www.ingramcontent.com/pod-product-compliance
Lightning Source LLC
LaVergne TN
LVHW022157080426
835511LV00008B/1453